BÉBÉ,

OU

LE NAIN DU ROI STANISLAS.

COMÉDIE HISTORIQUE EN UN ACTE,

MÊLÉE DE COUPLETS.

PAR M. ANGEL.

Représentée pour la première fois,
sur le théâtre du Gymnase des Enfants,
le 12 Janvier 1837.

PARIS.

I. PESRON, LIBRAIRE-ÉDITEUR,

13, rue Pavée-Saint-André-des-Arcs.

1837.

Autorisé
par le Ministre de l'Intérieur.

IMPRIMERIE DE TERZUOLO, RUE DE VAUGIRARD, N° 11.

BÉBÉ,
ou
LE NAIN DU ROI STANISLAS.
Comédie - historique
en un acte,
mêlée de couplets.
Par M. Angel.
Représentée pour la 1re fois,
sur le théâtre
du Gymnase des Enfants,
Le 12 janvier 1837.
PARIS: ISIDORE PESRON, LIBRAIRE-EDITEUR
BAYALOS
ANDREW. BEST.

Personnages.

STANISLAS, duc de Lorraine.		M. Félix.
BÉBÉ, son nain.		Mlles Caroline.
VICTOR,	pages.	Victorine.
PAUL,	pages.	Eugénie.
THÉODORE,	pages.	Virginie.
POTIN, médecin de la cour.		MM. Chartrain.
ROUSSIGNAC,	intrigants.	Riché.
LOURDET,	intrigants.	Schey.
JACQUELINE, mère de Victor.		Mlle Clara.

Seigneurs, Habitants de Lunéville, Serviteurs.

La scène se passe à Lunéville, *en* 1755.

Pour le rôle de Jacqueline, voyez la note placée à la fin.

BÉBÉ,

OU

LE NAIN DU ROI STANISLAS.

Le théâtre représente une salle du château, s'ouvrant au fond sur une galerie. A gauche du spectateur se trouve la chambre de Bébé.

SCÈNE PREMIÈRE.

VICTOR, *assis, le coude appuyé sur une table, et paraissant réfléchir.* PAUL, THÉODORE, *s'entrecroisent en marchant au fond.*

PAUL, THÉODORE.

AIR du *Couvre-feu.* (Madame Duchambge.)

Veillons, veillons bien, mes amis ;
Que nul ne trouble cette enceinte ;
Et préservons de toute atteinte
Le dépôt à nos soins remis.

PAUL.

Raison de plus, je n'aime que ce que je connais. D'ailleurs, pour des fils de paysans, nous devons nous estimer très-heureux de notre position.

THÉODORE.

Si nous étions restés au village, il nous faudrait labourer la terre... faire des fagots.

PAUL.

Assez d'autres en font sans nous.

THÉODORE.

Tandis que, pages du roi Stanislas, rien ne nous manque.

AIR du *Châlet*.

On s'entretient dans Lunéville
De nous, de nos faits glorieux,
Et quand nous parcourons la ville,
La foule nous suit en tous lieux.
Amis, notre air malin
Et mutin,
C'est certain,
Plaît aux gens
De tous rangs.

Devant notre audace
Le monde s'efface,
Et, fêtant l'emploi,
Chacun répète en émoi :
C'est un page du roi!

PAUL.

Puis le soir, lorsque tout sommeille,
Fort bruyant est notre plaisir ;
La patrouille qui toujours veille
En vain s'empresse d'accourir...
Écoutez bien, soudain,
Au lointain,
Ce refrain
Et ces ris,
Et ces cris :
Ah! charmons la vie,
Et de la folie
Observons la loi!...
Que chacun dise en émoi :
C'est un page du roi!...

PAUL, THÉODORE.

Ah! charmons la vie, etc.

THÉODORE.

Voici l'instant de nous rendre au lever du roi; viens-tu, Victor?

VICTOR.

Vous savez que nous ne pouvons quitter cet endroit tous à la fois.

THÉODORE.

C'est juste... Allons, Paul.

PAUL, THÉODORE.

AIR : *Je payais* (Une bonne fortune).

Au revoir ! (*bis*)
Remplissons notre devoir ;
Au revoir ! (*bis*)
Et jusque-là, bon espoir !

THÉODORE.

Dans les appartements,
Déjà les courtisans
Présentent leur hommage.

PAUL.

Que de beaux compliments !
Les vœux les plus touchants
Abondent, c'est l'usage.

TOUS DEUX.

Au revoir ! etc.

SCÈNE II.

VICTOR, les regardant s'éloigner.

Ils sont heureux, tandis que moi... Ah ! pourquoi ai-je connu la cour de France !... Son faste, sa magnificence, assiégent sans cesse mon esprit... Les honneurs qu'on y rend aux puissants me poursuivent jusque dans mon sommeil... Il me semble que si j'étais à Versailles je parviendrais, et qu'un jour aussi, on m'entourerait d'hommages et de considération... (*tressaillant*) Versailles !...

Air de *Farinelli*.

Resplendissant de mille et mille feux,
C'est le diamant de la France.
Quel goût !... quelle magnificence !...
Quoique sur terre on se croirait aux cieux...
Là, chaque instant de l'existence
Voit exaucer une espérance ;
Là, sans cesse fume l'encens ;
Là, toujours des mots enivrants !..,
Ah ! c'est un superbe séjour,
Hélas ! que celui de la cour ! ..

Lorsqu'on parvient à plaire au souverain,
Laissant maints rivaux en arrière,
Pour vous s'élargit la carrière :
Rien ne saurait fixer votre destin.
On implore vos bonnes grâces ;
Vous disposez des moindres places ;
Et des accords bruyants, joyeux,
Vous accompagnent en tous lieux!...
Ah! c'est un superbe séjour,
Hélas! que celui de la cour!...

(Il demeure un moment enseveli dans ses réflexions.)

On s'approche... Ce sont les deux Français arrivés depuis hier... A mon poste!...

(Il se met en faction au fond.)

SCÈNE III.

VICTOR, ROUSSIGNAC, LOURDET.

ROUSSIGNAC.

Allons donc, Lourdet, mon ami, vous né marchez pas.

LOURDET.

Tu crois que l'on peut pénétrer ici?

ROUSSIGNAC.

Sandis! avec dé la résolution où né pénètre-t-on pas? J'ai bésoin d'examiner les localités.

LOURDET.

Je sais bien, mais...

ROUSSIGNAC.

Sois donc tranquillé, pureux dé Normand!...

LOURDET.

Tu es si imprudent!...

ROUSSIGNAC.

Audace et témérité, c'est la devisé des enfants dé la Garonné, cadédis!.. (*S'adressant à Victor.*) Dites-moi, monsu lé page, lé seigneur Bébé est-il lévé?

VICTOR.

Pas encore, messieurs.

(*Il reprend sa promenade.*)

ROUSSIGNAC, à Lourdet.

Céla m'arrange... (*A Victor.*) Eh ! mais, jé né mé trompé pas ! nous sommes uné vieillé pairé d'amis.

LOURDET, à part.

Ce diable-là a des amis partout.

VICTOR, s'arrêtant.

Je ne me rappelle pas...

ROUSSIGNAC.

Hercule dé Roussignac, écuyer cavalcadour dé sa majesté Louis XV, et pour lé moment en ambassade à Lunéville... Voici M. dé Lourdet, mon prémier sécrétairé.

LOURDET, à part.

Premier et dernier, attendu que...

ROUSSIGNAC.

Eh bien ! jeune hommé, qué disons-nous dé Versailles ?... nous souvénons-nous encoré des fêtes données en l'honneur du roi Stanislas ?

VICTOR.

Ah ! qui pourrait les oublier ?...

ROUSSIGNAC, à Lourdet.

Il est ambitieux, jé m'en étais déjà aperçu lors dé son voyagé : bon signé !

LOURDET.

Ne va pourtant pas lui confier...

ROUSSIGNAC.

Cap dé bious ! laissé-moi fairé... (*A Victor.*) On garde aussi dé forts jolis souvénirs dé vous par-là.

VICTOR, vivement.

On se souviendrait de moi !

ROUSSIGNAC.

Comment donc !.. mais beaucoup... beaucoup.

LOURDET. à part.

Ça n'est pas vrai, mais c'est égal.

ROUSSIGNAC.

Quand on possède cetté grâcé... cetté tournuré,

on est fait pour réussir partout... Versailles vous réclame, mon cher... A votré placé, j'y rétournerais.

VICTOR.

Sans protecteurs?

ROUSSIGNAC.

Nous vous en tiendrons lieu, M. dé Lourdet et moi.

Air : *Je loge au quatrième étage.*

Oui, jé veux à la cour dé France
Pour vous employer mon crédit :
Et, jé lé dis sans suffisance,
Là, mon pouvoir n'est pas pétit.

LOURDET.

Non, son pouvoir n'est pas petit.

ROUSSIGNAC.

M'accablant dé cajoléries,
A mé flatter on est enclin,
Car jé suis chef des écuries!...

LOURDET.

Avec lui vous f'rez du chemin.

ROUSSIGNAC.

Voyons, jeune homme, un brévet dé pagé dé sa majesté lé roi Louis XV vous sourierait-il ?

VICTOR.

Ah ! c'est plus que je n'oserai jamais espérer de ma vie.

ROUSSIGNAC.

Jé l'ai là... dans cé portefeuille, et il est à vous.

VICTOR.

A moi !...

ROUSSIGNAC.

A uné seulé condition... Il s'agit dé rendre un grand service à la France... On peut avoir confiance en vous ?

LOURDET, *faisant la grimace.*

Hum !...

VICTOR.

Parlez.

ROUSSIGNAC.

Il faut d'abord vous apprendré qué madamé dé Pompadour m'honoré dé quelqué amitié.

LOURDET.

Nous honore de quelque amitié.

ROUSSIGNAC.

Mon cher dé Roussignac, mé dit-elle un matin qu'ellé m'avait fait appéler, Louis XV s'ennuie. — Lé roi s'ennuyer près dé vous, impossible! — Hélas! c'est la vérité. — La causé? — Jé l'ignore, et pourtant... — Pourtant? — Jé rémarque qué c'est dépuis lé voyagé du duc dé Lorrainé qué sa tristesse a pris naissance; vous qui êtes un homme dé génie... (c'est à moi qué la marquisé parlait, chèré marquisé va!...) aidez-moi à en découvrir lé motif. — Cherchons, madamé la marquisé. — Cherchons, monsu dé Roussignac.

VICTOR.

Et vous avez trouvé?

ROUSSIGNAC.

Rien... absolument rien... lorsqu'un nom prononcé par lé roi, lé jour même, nous a mis sur la tracé.

VICTOR.

Quel nom?

ROUSSIGNAC.

Célui dé Bébé... Lé nain a fait flores à Versailles... Il est si gentil, si mignon!.. Louis XV surtout en était fou... Il s'était attaché à ses rarés qualités et l'estimait autant qu'un grand hommé... Pas dé doute, il lé régrette. — Madamé la marquisé, ai-je dit à la favorité, lé roi né séra content que lorsqu'il réverra lé pétit bonhommé. — Par quel moyen?... — Ah! voilà... — Bref, nous avons tant parlé, discuté, qué la favorite a fini par mé dire : Monsu dé Roussignac, agissez commé vous l'entendrez ; si vous réussissez à nous ramener Bébé, votré fortuné...

VICTOR.

Votre fortune?...

LOURDET.

Notre fortune...

ROUSSIGNAC.

La moitié vous en appartient... toujours à uné condition... Nous avons aujourd'hui audiencé du roi Stanislas, mais il peut nous réfuser Bébé.... (*baissant la voix*) et c'est alors qué j'aurai bésoin dé vous... Vous êtes dé gardé cetté nuit...

VICTOR.

Oui.

ROUSSIGNAC.

En pénétrant par cet escalier dérobé, on arrive à la chambré dé Bébé sans êtré vu dé personne autré qué vous.

VICTOR.

Après?...

ROUSSIGNAC.

Pendant son sommeil... vous dévez comprendre lé resté...

VICTOR.

Quoi ! vous voudriez... Oh ! jamais, jamais!

ROUSSIGNAC.

Vous né voulez donc pas lé bien dé votre ami, dé Bébé ?

VICTOR.

Le ciel m'est témoin du contraire.

ROUSSIGNAC.

Uné fois à Versailles il y sérait si heureux !...

VICTOR, combattu, à part.

Mon Dieu ! que se passe-t-il en moi ?...

ROUSSIGNAC.

Stanislas mort (et il est déjà bien vieux), Bébé sé verra forcé dé rétourner dans son villagé, tandis qué si son ami avait voulu...

VICTOR.

Ah ! si vous ne me trompiez pas... si Bébé obtenait une position assurée...

ROUSSIGNAC.

Jé vous lé jure, il né manquéra dé rien... Signez donc cet engagément dé nous servir.

VICTOR.

Un engagement !...

ROUSSIGNAC.

Puré formalite !... et jé vous livre en rétour cé brévet dé pagé... Dé cetté maniéré, Bébé vous dévra lé bonheur du resté dé ses jours.

VICTOR, vivement, après avoir regardé Roussignac.

Je vous crois.

(*Il signe.*)

ROUSSIGNAC, qui a repris l'engagement.

Récévez, mon petit ami, cé papier... Mainténant, nous vous quittons, afin dé nous préparer pour l'audiencé... Allons, Lourdet... (*A Victor.*) Mais...

AIR : *Gentille Moscovite* (Lestocq).

Songeons bien à nous taire
Ici sur nos projets ;

C'est surtout du mystère
Qué dépend lé succès.
Si du roi l'audience
Produisait peu d'effet,
Trompant sa vigilance,
Tout sérait bientôt prêt.

ROUSSIGNAC, LOURDET.

Songeons, etc.

(*Sortie.*)

SCÈNE IV.

VICTOR, seul.

Mon Dieu, que viens-je de faire?... Ai-je bien pu m'engager ainsi?... Si ces hommes étaient des imposteurs... s'ils me trompaient... Oh! non, non, c'est impossible... Paul!... qu'il ne s'aperçoive de rien.

SCÈNE V.

VICTOR, PAUL.

PAUL.

J'accours te relever de faction ; tu peux maintenant aller présenter tes hommages au roi.

VICTOR.

J'y vais.

(*Il sort à pas lents.*)

PAUL.

Il devient de plus en plus lugubre... Parole d'honneur ! il déshonore le corps.

SCÈNE VI.

PAUL, BÉBÉ.

BÉBÉ, s'arrêtant sur le seuil de sa chambre.

Le soleil est plus matinal que moi ; sans lui je

serais encore au lit... Ah! c'est toi, mon bon Paul, toujours veillant sur ma personne.

PAUL.

C'est l'ordre du roi.

BÉBÉ, souriant.

Oui, il a peur que l'on ne m'enlève.

PAUL.

On l'a déjà tenté... Tu te souviens de la fois où l'on t'avait mis dans une grosse botte de postillon?... Hein! tu l'as échappé belle ce jour-là.

BÉBÉ.

Oh! il y a quelque chose qui veut que Bébé ne soit pas séparé de son bienfaiteur; je n'ai pas besoin de pages pour cela.

PAUL.

Pourtant...

BÉBÉ.

Le jour vous m'êtes très-utiles... nous jouons ensemble; mais la nuit, vous feriez beaucoup mieux de dormir que de vous promener dans ces galeries... Qui a veillé ?

PAUL.

Julien; c'était son tour.

BÉBÉ.

Mais quels sont donc mes titres à tant d'honneur?... Je suis petit, voilà tout mon mérite.

PAUL.

Et l'amitié du roi ?

BÉBÉ.

Qui me l'a value ?... ma petitesse... toujours ma petitesse. Quand je vins au monde, dans le village de Dlane, un sabot me servit de berceau; à dix ans, je n'avais encore qu'un pied et demi de hauteur : aussi j'étais la merveille du pays, et ma célébrité parvint jusqu'à Stanislas, qui voulut me voir... Sais-tu comment je fis mon début à la cour ? dans un panier de jonc; on croyait que mon père apportait...

PAUL.

Quoi donc ?

BÉBÉ.

Des fromages... Je plus au roi, et voilà cinq ans qu'il m'admet dans son intimité... J'en ai quinze maintenant, et, comme tu le vois, je n'ai pas beaucoup grandi... Ah ! je ne serai jamais bel homme.

PAUL.

Nous te devons ce que nous sommes.

BÉBÉ.

Le roi voulait que j'eusse des pages pour me garder ; eh bien ! j'ai demandé à faire venir près de moi mes anciens camarades, camarades qui, par parenthèse, m'ont plus d'une fois rossé jadis, attendu que j'étais moins fort qu'eux.

PAUL.

Ah ! je le regrette bien...

BÉBÉ.

Air de *la Famille du porteur d'eau.*

Que les procédés d'autrefois
N'affligent pas ta conscience.

PAUL.

C'est te montrer par trop courtois.

BÉBÉ.

Non, je rétablis la balance.
Écoutant la voix de mon cœur,
Moi, je veux payer, pour tout clore,
Tout coup de pied d'un don flatteur,
Tout coup de poing d'une faveur...
Ah! je vous dois beaucoup encore.

PAUL.

M. Potin rôde sous les fenêtres du château.

BÉBÉ.

Oh! l'ennuyeux personnage que ce médecin! Tous les jours il m'assomme de sa visite.

PAUL.

Par l'ordre du roi.

BÉBÉ.

Il est cause que je me couche aussitôt la nuit venue, comme les poules.

PAUL.

Voici Victor.

BÉBÉ.

Laisse-moi, j'ai à causer avec lui.

SCÈNE VII.

BÉBÉ, VICTOR.

BÉBÉ.

Bonjour, Victor.

VICTOR, avec embarras.

Bonjour, Bébé.

BÉBÉ.

Toujours soucieux!... Sais-tu que tu commences à m'inquiéter.

VICTOR.

Mais, je n'ai rien.

BÉBÉ.

Tu me trompes, Victor... Voyons, dis-moi ce qui te tourmente; que te manque-t-il?

VICTOR, soupirant.

Ah!...

BÉBÉ.

Tu voudrais peut-être revoir tes parents?

VICTOR.

Je veux... je veux revoir Versailles.

BÉBÉ.

La cour de France?

VICTOR.

Là seulement on est heureux.

BÉBÉ.

Tu es fou!... Rappelle-toi le point d'où tu es parti, et bénis le ciel.

VICTOR.

Tu ne retournerais donc pas à Versailles, toi ?

BÉBÉ.

Dieu m'en garde !

VICTOR.

Même si on t'y offrait une position, des honneurs ?

BÉBÉ.

Je repousserais tout.

VICTOR.

Mais ce serait repousser le bonheur.

BÉBÉ.

Le bonheur est où l'on aime, et je n'aime que mon village de Dlane, avec ses jolies maisonnettes et ses grands peupliers.

VICTOR.

Ah ! Versailles...

BÉBÉ.

N'y pense donc plus. Souviens-toi plutôt du petit

sentier qui menait à l'étang des Fées, où nous avions si peur la nuit... Et puis la place de l'église... Hein ? quelles bonnes parties nous y avons faites ! Comme nos parents criaient quand nous revenions avec nos habits tout déchirés !... Ah! bah, ça ne nous empêchait pas de recommencer le lendemain... Tu te dérides ?

VICTOR.

Je le voudrais...

BÉBÉ.

Et puis la Saint-Jean, la fête de l'endroit... Les belles boutiques!... Les bons pains d'épices!... Le soir, jeunes et vieux, tout le monde dansait, en chantant la ronde du pays... tu te la rappelles?

VICTOR.

Non.

BÉBÉ.

Ah! tu y mets de la mauvaise volonté... Voyons, aide-moi... (*Fredonnant.*) La, la, la... je crois que je tiens l'air... La, la... oui, c'est bien cela.

Air : *Ah! mon ami Thomas.*

Amis, du pays
C'est enfin la fête
Vite, nos beaux habits,
Not' pus rich' toilette!...
Youp! viv' la p'tiot' chanson
Pour faire tourner chaqu' tête ;
Youp! viv' la p'tiot' chanson!
En avant le rigodon!

Eh bien! tu me laisses chanter tout seul... ça ira mal.

Écoutez, enfants,
Là bas d' la musette
Les accords charmants
App'ler sur l'herbette...

Allons, Victor, allons,

TOUS DEUX, *en dansant.*

Youp, etc.

BÉBÉ.

Mais pour l'indigent,
Hélas! qui végète,
Un morceau d' pain blanc,
Un verre d' piquette!...

TOUS DEUX, *en dansant.*

Youp, etc.

SCÈNE VIII.

LES MÊMES, POTIN.

POTIN.

Doucement, Monseigneur, doucement ; vous allez vous faire du mal.

BÉBÉ, à part.

Oh ! le maudit médecin.

POTIN.

Sauter ainsi !... S'il y a de la raison !... Je suis sûr que votre état est alarmant... Donnez-moi votre main.

BÉBÉ, à part.

Quel ennui !...

POTIN.

Là, quand je le disais... Votre pouls est

agité... très-agité... Il faudrait prendre quelque chose.

BÉBÉ.

Certainement, mon déjeuner.

POTIN.

La diète.

BÉBÉ.

Mais...

POTIN.

La diète la plus sévère, voilà ce qu'il vous faut.

BÉBÉ, à part.

Il n'en démordra pas... Ah! si je pouvais lui rendre la pareille.

POTIN.

Ensuite, des calmants.

BÉBÉ, après avoir fait un mouvement de joie.

Vous êtes très-instruit, M. Potin?

POTIN, avec emphase.

Docteur en là faculté de Nancy, je crois pouvoir, sans trop de vanité...

BÉBÉ.

Vous guérissez toutes les maladies?

POTIN.

Toutes !...

BÉBÉ.

Eh bien! soyez assez bon pour me donner une consultation.

POTIN.

Pour vous! je savais donc bien....

BÉBÉ.

Non, pour un ami, un ami bien cher dont la santé m'inspire des inquiétudes.

POTIN, désignant Victor.

Serait-ce ce page ?.... Jeune homme, votre main.

VICTOR.

Je ne suis pas malade.

POTIN.

Qui donc, alors ?....

BÉBÉ.

Oh! la personne est très-timide, elle n'osera jamais... (*Bas à Victor.*) C'est de Mutin qu'il est question.

VICTOR, de même.

De ton épagneul ?

BÉBÉ, de même.

Oui.

POTIN.

Comment voulez-vous ?....

BÉBÉ.

Mais en décrivant les symptômes du mal... Un docteur en la faculté de Nancy !....

POTIN.

A coup sûr... D'ailleurs, je n'ai rien à refuser à monseigneur.

BÉBÉ.

Asseyez-vous donc là, et, au fur et à mesure que je parlerai, écrivez l'ordonnance.

POTIN, assis.

Je vous écoute, monseigneur.

BÉBÉ.

Depuis quelque temps mon ami a de fréquentes indigestions.

POTIN, écrivant.

« La diète... » Morbleu! la diète, je ne sors pas de là.

BÉBÉ.

Il éprouve de l'irrégularité dans certaines fonctions.

POTIN, écrivant toujours.

« Deux grains de rhubarbe à prendre dans

» le potage... et, si ça ne suffit pas, des émollients » que lui administrera M. Néfin, l'apothicaire. »

BÉBÉ.

Son sommeil est agité.

POTIN.

Il lit peut-être beaucoup ?... « Défense absolue » de lire aucun roman. »

BÉBÉ.

Il est parfois sombre, mélancolique.

POTIN, à part, en regardant Victor.

Je parierais qu'il s'agit de ce page... (*Haut.*) Signe de spleen, d'ambition concentrée... (*Écrivant.*) « De la distraction... aller au bal... au » spectacle... jouer au billard. »

BÉBÉ.

Il bâille souvent.

POTIN

Affection de nerfs... « Partir pour les eaux de » Plombières... en voyageant à petites jour» nées... dans une bonne calèche... » Est-ce tout ?

BEBÉ.

Oui, mon cher médecin.

POTIN.

Signé : Jean-Barnabé-Chrysostôme Potin. (*Se levant et présentant l'ordonnance.*) Voilà, monseigneur.

BÉBÉ.

Vous avez omis d'ajouter : docteur en la faculté de Nancy.

POTIN.

C'est très-juste. (*Il écrit.*) L'oubli est réparé.

BÉBÉ.

Maintenant que le malade n'aura plus d'interrogatoire à subir, je puis vous le montrer... Victor, apporte-moi Mutin.

POTIN.

Mutin !... que dites-vous ?... Vous vous seriez joué de moi à ce point !

BÉBÉ.

En vous parlant d'un ami bien cher, je ne vous ai pas trompé.

(*Victor apporte une corbeille élégante, dans laquelle se trouve un tout petit chien.*)

Air de *l'Artiste.*

Voyez sa gentillesse,
Son air de bon aloi ;
Il est dans son espèce
Aussi rare que moi.
Oui, cher docteur, nous sommes,
Par de précieux liens,
Moi, le plus p'tit des hommes,
Lui, le plus p'tit des chiens.

Mutin, donnez la patte à cet excellent M. Potin, qui vous ordonne de si bonnes choses... Je ne parle pas de la rhubarbe... (*A Potin.*) Comment trouvez-vous son pouls ?

POTIN, tout confus.

Monseigneur... (*A part.*) Quel guet-apens !...

BEBÉ.

Mutin, montrez votre langue... Allons, Monsieur, pas de cérémonies, tirez la langue à M. Potin... Soyez tranquille, nous vous mènerons au bal, au spectacle... M. Potin jouera au billard avec vous... Surtout ne lisez plus de romans, ça ne vous vaut rien.

POTIN, à part.

Ah! si je pouvais rattraper mon ordonnance....

BÉBÉ.

Vous irez aux eaux de... Quelles eaux, docteur?... Ah! je me rappelle... Aux eaux de Plombières....

Air : *De sommeiller encor, ma chère.*

Mais il semble faire la mine,
Qui peut donc le rendre chagrin?...
Bon! maintenant je le devine,
Il se plaint de son médecin.
Fort singulier dans ses manières,
Il aimerait mieux, en effet,
Au lieu de vos eaux de Plombières
Avaler des os de poulet.

Embrassez ce brave M. Potin... Là, le beau garçon... Tiens, Victor.

(*Il lui rend l'épagneul et Victor l'emporte.*)

POTIN.

Je me retire, monseigneur.

BÉBÉ.

Sans rancune, monsieur Potin... N'oubliez pas que je possède certain papier.

POTIN.

Monseigneur est trop généreux....

BÉBÉ.

Monseigneur n'aime pas être tracassé.

POTIN, en s'en allant.

Quelle humiliation pour un docteur en la Faculté... Je m'en vengerai!...

(*Il sort.*)

SCÈNE IX.

BÉBÉ, PAUL, JACQUELINE.

BÉBÉ.

Je crois qu'il ne sera plus tenté de renouveler ses visites.

PAUL, entrant.

Une paysanne du village de Diane demande à te parler.

BÉBÉ.

C'est peut-être ma mère ?... Fais-la bien vite entrer.

PAUL, à la cantonade.

Venez.

(*Il sort ensuite.*)

BÉBÉ.

Jacqueline !... Hélas ! ce n'est pas elle.

JACQUELINE, à part.

Comme le v'là beau !

BÉBÉ.

Tu viens sans doute embrasser Victor, ton fils ?... C'est très-bien ; mais auparavant, donne-moi des nouvelles du pays... Comment se porte ma mère ?

JACQUELINE.

Bien.

BÉBÉ.

Pourquoi ne vient elle jamais me voir ? Je lui en veux... Tu lui diras que je ne l'aime plus... Oh ! non, ne lui dis pas ça... Mais comme tu parais triste !

JACQUELINE.

Ah ! monsieur Bébé...

BÉBÉ.

Appelle-moi tout uniment Bébé, et conte-moi tes chagrins.

JACQUELINE.

Not' homme et moi nous sommes ruinés... le feu a détruit not' chaumière.

BÉBÉ.

Il se pourrait !... le feu....

JACQUELINE.

En une nuit nous avons perdu nos économies de dix années.

BÉBÉ.

Rassure-toi, Jacqueline, tout sera réparé.

JACQUELINE.

Nous n'avons plus d'espoir qu'en vous.

BÉBÉ.

J'intercéderai pour vous auprès de Stanislas.

JACQUELINE.

Vous parleriez pour nous au roi !....

BÉBÉ.

Certainement, et je cours... Mais le voici.

JACQUELINE.

Le roi!... Je n'oserai jamais....

BÉBÉ.

Laisse-moi faire.

SCÈNE X.

STANISLAS, BÉBÉ, JACQUELINE, *à l'écart.*

BÉBÉ, *allant au-devant de Stanislas.*

Sire, des laboureurs, vos sujets, ont vu disparaître en peu d'instants leurs épargnes de plusieurs années; asile et récolte, ils ont tout perdu.

STANISLAS.

Il faut les secourir.

BÉBÉ.

Ah! je vous avais deviné; car j'ai déjà promis en votre nom d'adoucir leur détresse.

STANISLAS.

Je tiendrai.

BÉBÉ.

Voici l'affligée... Avance, Jacqueline, ne crains rien.

STANISLAS.

Tu connais cette femme ?

BÉBÉ.

C'est la mère de Victor.

STANISLAS.

Bien... Et à combien monte le dommage ?

JACQUELINE.

Douze cents livres nous sauveraient de la misère.

STANISLAS.

Hum ! la somme est forte... Mes revenus sont restreints, et la plupart du temps je suis en avance... Mon trésorier crie.

BÉBÉ.

Sire, faites le crier une fois de plus.

STANISLAS.

Tu me ruineras, Bébé.

BÉBÉ.

Votre cœur m'approuve tout bas.

STANISLAS.

Oh! oui... oui, je remplis un devoir sacré en exauçant ta demande.

AIR du *Piége*.

Si trop souvent de puissants potentats
De leurs sujets ignorent la souffrance,
C'est que parfois si grands sont leurs états,
Qu'hélas! s'y perd la voix de l'indigence.
Ne pas aider, quand les miens sont petits,
L'infortuné que le chagrin opprime,
Ah! ce serait, devant tous je le dis,
Plus qu'une erreur, oui, ce serait un crime!

(*Il se met à écrire.*)

BÉBÉ, à Jacqueline.

Tu l'entends... quel excellent prince!

JACQUELINE.

Il mérite bien qu'on prie pour lui.

STANISLAS, à Jacqueline.

Prenez, brave femme, ce bon sur ma cassette; il vous mettra à même de tout réparer.

BÉBÉ.

Eh bien, Jacqueline, voilà tes vœux exaucés.

JACQUELINE, baisant la main de Stanislas.

Ah! sire...

Air : *D'une fille d'Eve.*

Tant de bontés me rend'nt toute confuse,
Ce que j' ressens je ne puis l'exprimer :
Mais je le dis, sans que le cœur m'abuse,
On n' saurait trop vous chérir, vous aimer.
Grâce à vos soins, quand dans tout le royaume
On chercherait en vain un indigent,
Sous les lambris aussi bien qu' sous le chaume,
Chacun bénit Stanislas l' Bienfaisant.

Comme not' pauvre homme sera content.... Sire, croyez...

STANISLAS.

C'est bien, ma brave femme, c'est très-bien.

JACQUELINE.

AIR d'*Une Bonne Fortune*.

Plus de chagrins, plus de tristesse,
Non, plus de larmes désormais :
Car les soucis et la détresse
De nous s'éloignent à jamais.
Nous pourrons donc rebâtir not' chaumière
Et réparer les ravages du feu ;
Nous vous aimions déjà tous comme un père.
Nous vous aim'rons maintenant comme un dieu !...

STANISLAS, BÉBÉ, JACQUELINE.

Plus de chagrins, etc.

(*Jacqueline sort.*)

SCÈNE XI.

STANISLAS, BÉBÉ.

STANISLAS.

Ah ! qui n'aimerait à rendre service en voyant la joie de ceux qu'on oblige !

AIR de *Partie et Revanche*.

A bien agir ici tout m'encourage,
Car mes sujets sont pour moi des enfants :
Et déjà faible, appesanti par l'âge,
Je ne dois perdre aucun de mes instants.
Utilisons, lorsque j'existe encore,
Le beau pouvoir que le ciel m'accorda ;
Qui sait ?... peut-être à la prochaine aurore
Pour soulager je ne serai plus là.

Puissent mes sujets se souvenir de moi !...

BÉBÉ.

La Lorraine n'oubliera jamais votre règne... L'histoire aussi vous rendra justice.

STANISLAS.

Ah! j'ai besoin de t'entendre parler ainsi... Oui, tes discours chassent de ma pensée d'amers souvenirs... Tiens, vois-tu, Bébé, si tu venais à me quitter, je serais bien malheureux.

BÉBÉ.

Vous quitter, moi!... mais la reconnaissance m'enchaîne ici; vous avez tant fait pour moi, pour ma famille!...

SCÈNE XII.

LES MÊMES, PAUL.

PAUL.

Sire, l'envoyé de France demande à être introduit.

STANISLAS, avec surprise.

L'envoyé de France?.. Ah! ce personnage arrivé depuis hier et qui s'annonce comme chargé d'une mission extraordinaire.

PAUL.

Il dit que vous lui avez donné audience pour aujourd'hui.

STANISLAS.

Je suis prêt à le recevoir.

BÉBÉ.

Ici !... et les secrets d'état ?

STANISLAS.

Stanislas n'en a point pour son peuple.... Qu'on laisse pénétrer avec monsieur l'envoyé mes bons habitants de Lunéville.

(Il s'assied, et Bébé se tient à ses côtés.)

PAUL.

Bien, sire.

(Il va au fond et donne des ordres.)

SCÈNE XIII.

LES MÊMES, ROUSSIGNAC, LOURDET, THÉODORE, SEIGNEURS, HABITANTS.

CHŒUR.

AIR de *la Petite Bohémienne.*

Gens de cette province,
Hâtons-nous d'accourir :
Nous allons voir le prince,
Ah! pour nous quel plaisir!

ROUSSIGNAC, à Lourdet.

Faisant tairé touté faiblesse,
Songé bien à mé souténir.

LOURDET, à part.

Quand il faut montrer de l'adresse,
Je sens tout mon corps tressaillir.

CHŒUR.

Gens, etc.

LOURDET.

Je t'en prie, ne nous expose pas.

ROUSSIGNAC, saluant.

Hum ! hum !

LOURDET, l'imitant.

Hum ! hum !

ROUSSIGNAC, saluant de nouveau.

Sire...

LOURDET, de même.

Sire...

ROUSSIGNAC, lui donnant un coup de coude.

Té tairas-tu ?...

STANISLAS.

Monsieur l'envoyé, vous vous êtes annoncé comme chargé d'une mission près de ma personne ; veuillez, avant tout, me remettre vos lettres de créance.

LOURDET, à part.

Là, voilà ce que je craignais.

ROUSSIGNAC.

Sire, jé suis désolé ; mais, par un concours dé circonstances extraordinaires, jé né puis vous rémettre les documents en question... ma chaisé dé poste a versé en route, et, dans la bagarré, mes pap iers ont disparu.

LOURDET, à part.

Oh! que c'est adroit!

STANISLAS.

Vous n'avez rien pu retrouver?

ROUSSIGNAC.

Absolument rien, sire, ni mon sécrétairé non plus... Monsù dé Lourdet qué j'ai l'honneur dé présenter à sa majesté... (*Bas à Lourdet.*) Salue.. plus bas... encore... assez... (*A Stanislas.*) J'ai écrit à Versaillés pour obténir dé nouvellés lettres, mais l'impatiencé... lé désir dé né pas perdré dé temps... Vous comprénez, sire.

LOURDET.

Sire, vous comprenez.

ROUSSIGNAC.

Silencé!...

(*Nouveau coup de coude.*)

STANISLAS.

Veuillez alors nous expliquer le motif qui vous amène ici.

ROUSSIGNAC.

Dépuis votré départ dé Versaillés, lé roi, mon maître et votré gendre, est tristé, préoccupé... il éprouvé des régrets.

LOURDET, à part.

Moi aussi.

STANISLAS.

Des regrets ?

ROUSSIGNAC.

Profonds.

LOURDET, à part.

Moi aussi.

ROUSSIGNAC.

Un des serviteurs qui vous accompagnèrent avait particulièrément lé don d'égayer Sa Majesté, et un grand vidé s'est fait sentir à la cour dé Francé, quand il n'a plus été là... Rendez-nous votré nain...

STANISLAS.

Bébé ?

BÉBÉ.

Moi !...

ROUSSIGNAC.

Et lé roi rétrouvé touté sa gaieté.

STANISLAS.

Ah ! mon Dieu !...

(*Il réfléchit.*)

ROUSSIGNAC, à Lourdet.

Voilà lé grand mot lancé.

LOURDET.

J'ai un tremblement conditionné.

STANISLAS, *se levant.*

Monsieur l'envoyé, lorsque Stanislas était fugitif et réduit à la condition la plus modeste, Louis XV voulut bien jeter les yeux sur la famille du pauvre exilé et y choisir une compagne; Marie Leszczynska, ma fille bien aimée, est assise aujourd'hui sur le plus beau trône de l'univers, le trône de France!... Elle y est heureuse et de l'amour de ses sujets et de la tendresse de son époux : comme père, comme homme, je n'ai donc rien à refuser au roi, votre maître; mais, comme prince, je n'ai pas le droit de forcer le choix de ceux que je gouverne, de leur faire abandonner le ciel qui les vit naître pour un autre ciel... Bébé vous entend, lui seul peut prononcer en cette circonstance... qu'il nous fasse donc connaître ses désirs.

BOUSSIGNAC, *s'inclinant.*

Nous nous conformérons toujours aux ordrés dé Votré Majesté.

STANISLAS.

Parle donc, Bébé.

BÉBÉ, s'adressant à Roussignac.

Mon seul désir, monsieur l'envoyé, est de vivre auprès de mon bienfaiteur... (*à Stanislas.*) auprès de vous, mon ami, car vous me permettez de vous donner ce titre précieux.

STANISLAS

Vous l'entendez, messieurs.

BÉBÉ.

Eh quoi ! lorsque l'âge s'appesantit sur vous, que mes consolations, mon dévoûment, vous deviennent chaque jour plus nécessaires, je vous délaisserais, je vous dirais adieu !... Oh ! non, non : jamais !...

ROUSSIGNAC.

Cépendant...

BÉBÉ.

Jamais, monsieur !... Ma place est auprès de celui à qui je dois tout... Cette place, là voilà... Nulle parole ne pourrait me séduire, nul effort ne saurait m'en arracher.

STANISLAS, *le pressant dans ses bras.*

Ah ! je n'attendais pas moins de toi... Messieurs, l'audience est levée.

CHŒUR.

Air de *Malvina.*

Un pareil trait lui fait honneur ;
De la reconnaissance
Il sut écouter l'influence,
Malgré l'ambassadeur.

(Tout le monde sort, à l'exception de Roussignac et de Lourdet.)

SCÈNE XIV.

ROUSSIGNAC, LOURDET.

LOURDET.

Je respire !... J'étais sur le gril.

ROUSSIGNAC.

Malédiction !...

LOURDET.

J'avais une peur terrible que tu ne fisses quelque imprudence.

ROUSSIGNAC.

Poltron !... Mais n'importe à quel prix, j'aurai cé Bébé.

LOURDET.

Chut !... le voici.

SCÈNE XV.

LES MÊMES, BÉBÉ.

BÉBÉ.

Et mon pauvre Mutin que j'oubliais !...

(*Il entre le prendre.*)

ROUSSIGNAC, à Lourdet.

Renchéris sur mes éloges, et, capé dé bious, nous l'emportérons.

BÉBÉ, sortant de sa chambre.

Vous êtes toujours là, messieurs?

ROUSSIGNAC.

Deux minutés d'entrétien.

LOURDET.

Quatre minutes.

ROUSSIGNAC, à Lourdet.

Fais moi lé plaisir...

LOURDET.

Mais, mon ami, je renchéris.

BÉBÉ.

Voyons, qu'avez-vous à me dire?

ROUSSIGNAC.

Votré résolution n'est pas inébranl ablé?

BÉBÉ.

Encore ce sujet!

ROUSSIGNAC.

Vous né réjettérez pas la précieuse occasion qui sé présente à vous.

LOURDET.

La magnifique occasion.

ROUSSIGNAC.

Versailles est si beau.

LOURDET.

Il est superbe, Versailles.

BÉBÉ.

Je le connais.

ROUSSIGNAC.

Songez donc... paraître à la cour dé Francé!

LOURDET.

Et de Navarre.

BÉBÉ.

J'y ai déjà paru.

ROUSSIGNAC.

Rappélez-vous ses fêtés.

LOURDET.

O Dieu ! ses fêtes...

BÉBÉ.

On s'y ennuie.

ROUSSIGNAC.

Ses brillantes assemblées.

BÉBÉ.

On s'y déchire.

ROUSSIGNAC.

Oh ! chacun vous respectérait... lé favori du roi.

LOURDET.

De Sa Majesté.

BÉBÉ.

Vous croyez que personne ne s'attaquerait à moi ?

ROUSSIGNAC,

Personné.

LOURDET.

Pas un...

BÉBÉ, paraissant fléchir.

Ah ! si j'étais sûr de ceci...

ROUSSIGNAC, à Lourdet.

Lé pétit bonhomme est à nous.

LOURDET.

Il mord à l'hameçon.

ROUSSIGNAC, revenant à Bébé.

Vous aurez vingt domestiqués pour vous servir.

LOURDET.

Trente carrosses pour vous rouler.

ROUSSIGNAC.

Les plus jolis costumés.

LOURDET.

Les perruques les mieux frisées.

ROUSSIGNAC.

Vous irez aux bals dé la Reiné.

BÉBÉ.

De la Reine !

LOURDET.

Vous jouerez au pied de bœuf avec monseigneur le Dauphin.

BÉBÉ.

Avec le Dauphin !

ROUSSIGNAC.

Bref, vous aurez toutés les satisfactions, tous les plaisirs réunis, tout enfin.

LOURDET.

Tout !... et puis encore autre chose.

BÉBÉ.

Ah ! Messieurs, messieurs...

ROUSSIGNAC, à Lourdet.

Ca va bien.

LOURDET.

Il mord de plus en plus.

BÉBÉ.

Vous ne me parlez pas des dames de la cour.

ROUSSIGNAC.

Ellés vous attendent avec impatiencé.

LOURDET.

Madame la duchesse me répétait encore l'autre jour...

BÉBÉ.

Quelle duchesse?

LOURDET, avec embarras.

Quelle...

BÉBÉ.

Oui.

LOURDET.

La duchesse de Fron... Fron...

BÉBÉ.

Voilà bien du fron.

ROUSSIGNAC, venant au secours de Lourdet.

Dé Fronsac.

LOURDET, vivement.

La duchesse de Fronsac, c'est ça, de Fronsac... Ce diable de sac ne voulait pas venir.

BÉBÉ.

Dites-moi, messieurs, y a-t-il encore des fous à la cour de France?

ROUSSIGNAC.

Oh! ils en ont disparu dépuis long-temps.

BÉBÉ.

Et les singes y sont-ils toujours en vogue?

ROUSSIGNAC.

Non... mais pourquoi dé tellés questions?

BÉBÉ.

Je vais vous l'apprendre... A la cour, voyez-vous...

AIR : *Adieu, je vous fuis, bois charmants.*

Pour éloigner l'ennui fatal,
On y recourt au ministère
Tantôt d'un petit animal,
Tantôt, messieurs, d'un pauvre hère.
Pour jouer le rôle d'un fou
Je possède trop bien ma tête;
Et pour faire le sapajou,
Ah ! je ne suis pas assez bête.

Adieu, messieurs ; le roi m'attend pour souper.

(*Il s'élance au dehors.*)

SCÈNE XVI.

ROUSSIGNAC, LOURDET.

ROUSSIGNAC.

Nous sommes joués.

LOURDET.

Le nain s'est moqué de nous... Je crois que ce

que nous avons de mieux à faire, c'est de reprendre la poste.

ROUSSIGNAC.

Non, non, céla né sé passéra pas ainsi; dans les grandés circonstancés, les grands moyens.

LOURDET.

Tu persistes?

ROUSSIGNAC.

Plus qué jamais; car jé né t'ai pas tout dit... Madame dé Pompadour m'a bien promis ma fortuné si jé réussissais, mais si j'échouais, la Bastillé.

LOURDET, avec effroi.

La Bastille!

ROUSSIGNAC.

Un endroit où il paraît qué l'on est bien, car l'on n'en sort jamais.

LOURDET.

Et tu as pu accepter?....

ROUSSIGNAC.

Songé donc, ma fortuné !....

LOURDET.

Ou la Bastille.

ROUSSIGNAC.

En cas dé malheur, c'est un réfuge.

LOURDET.

Il est joli !

ROUSSIGNAC.

Air : *Tenez, moi, je suis un bonhomme.*

Quand il s'agit dé la fortune,
Moi, jé né calculé jamais ;
Vois-tu, mon cher, c'est uné brune
Dont bien piquants sont les attraits.

(*Avec feu.*)

Aussi dans l'ardeur qui mé grille,
Loin dé reculer comme un sot,
Ah ! jé prendrais....

LOURDET.

Quoi ! la Bastille ?....

ROUSSIGNAC.

Non, ellé mé prendrait plutôt.

LOURDET.

Ah! si j'avais su...

ROUSSIGNAC.

Né t'ai-je pas promis deux millé pistolés pour mé séconder?

LOURDET.

Oui, mais tu ne m'as rien dit de la Bastille.

ROUSSIGNAC.

Mon ami, il est toujours temps dé parler dé ces chosés-là... J'ai des intelligencés, jé les utilisérai... On vient.

LOURDET.

C'est Victor.

ROUSSIGNAC.

Bon!... Fais lé guet, et, au moindré bruit, avertis-nous.

SCÈNE XVII.

ROUSSIGNAC, VICTOR, LOURDET, *en observation.*

VICTOR, sans voir personne.

Ah! je ne pouvais y tenir.

ROUSSIGNAC.

Jé t'attendais.

VICTOR, tressaillant.

Vous êtes demeuré?...

ROUSSIGNAC.

J'ai bésoin dé té parler.

VICTOR.

Que me voulez-vous?

ROUSSIGNAC.

Té fairé souvénir dé tes engagéments.

VICTOR.

Ah ! ne me rappelez pas une chose dont je rougis. J'étais un insensé, dont vous avez flatté les projets de folle ambition, en me promettant l'existence que je rêvais.

ROUSSIGNAC.

Cette existence, tu l'auras.

VICTOR.

Pour me séduire, pour m'entraîner tout-à-fait, vous m'avez dit que Bébé serait plus heureux à Versailles qu'ici, je l'ai cru et j'ai cédé.

ROUSSIGNAC.

Je t'ai dit la vérité.

VICTOR.

Non, non, vous me trompiez. Je vois le piége à présent, je n'y tomberai pas.

ROUSSIGNAC.

AIR de *Téniers.*

Allons, point de sotte faiblesse :
Lorsque d'agir tout t'impose la loi,
Remplis franchement ta promesse.

VICTOR.

Que de regrets j'éprouve en moi !

ROUSSIGNAC.

Quoi ! manquérais-tu dé courage?..,
Mais pour réfuser d'obéir,
Il n'est plus temps, monsu lé page.

VICTOR.

Il est toujours temps de se repentir.

ROUSSIGNAC.

Qué tu mé sécondes ou non, jé tentérai l'entréprise, et si j'échoue, malheur à toi !

VICTOR.

Vous me nommeriez ?

ROUSSIGNAC.

Sans pitié... on né doit point trahir ses serments.

VICTOR.

Mais en les tenant, je trahis l'amitié.

ROUSSIGNAC.

Put !... Choisis entre uné vie dé plaisir, dé rénommée, et lé déshonneur... Tu té rappelles cé papier signé dé toi et qui est en notré possession.

VICTOR.

Mon Dieu! que faire ?

ROUSSIGNAC.

Livré-nous donc la clef qui ouvré cetté porté sécrète, et lé succès est assuré.

VICTOR.

Ah ! je ne puis...

ROUSSIGNAC.

Crois-moi, né réfusé pas.

LOURDET, accourant.

Alerte !... Bébé sort de chez le roi.

VICTOR.

Fuyez, fuyez, je vous en conjure.

ROUSSIGNAC.

Eh bien ! cetté clé ?

VICTOR.

Je l'entends... Par pitié !...

ROUSSIGNAC.

Cetté clef !..

VICTOR.

La voici.

ROUSSIGNAC.

Enfin !

AIR des *Noces de Gamache.*

Sous peu, munis du gage,
Tous deux en cé séjour,
Pour terminer l'ouvrage
Nous sérons dé rétour.

(*Reprise du morceau en sourdine et sortie par l'issue secrète.*)

SCÈNE XVIII.

VICTOR, BÉBÉ.

BÉBÉ.

Comment, monsieur le page, vous désertez le souper avant qu'il soit fini !.. Si c'est ainsi que vous faites votre service...

VICTOR, à part.

Je n'ose le regarder.

BÉBÉ.

Me conserverais-tu rancune de ma morale de ce matin ?... Mais si je t'ai grondé, mon pauvre Victor, c'est pour ton bien...

VICTOR.

Bébé...

BÉBÉ.

Va, que tu m'écoutes ou non, je t'aimerai

toujours... Eh bien ! tu ne me réponds pas... Allons, Victor, faisons la paix... J'ai eu tort, là, voyons, es-tu content ?

VICTOR.

Ah ! je suis bien coupable.

BÉBÉ.

Coupable, de quoi ?... d'un peu de folie... Ah ! tu es excusable ; la tête t'a tourné comme à tant d'autres... Ne pensons plus à tout ça.

VICTOR.

Oh ! non.

BÉBÉ.

Il y a des gens plus à plaindre que nous... Si, par hasard, tes folles idées te reprenaient, aie confiance en moi, ton meilleur ami, ton camarade d'enfance, et suis mes avis... Avant de me coucher, j'étais bien aise de causer avec toi.

VICTOR, à part.

Ah ! si j'osais...

BÉBÉ.

C'est donc toi qui me gardes cette nuit ; ne te gêne pas, imite-moi, dors... Je me sens d'excellentes dispositions... Mutin ne me ressemble guère... Comme le petit drôle a les yeux éveillés!.. Oui, monsieur, il est l'heure de dormir... Bonsoir, Victor.

(*Il entre chez lui.*)

VICTOR.

Bonsoir, Bébé... Vingt fois j'ai été sur le point de lui tout avouer, et la honte m'a toujours retenu.

SCÈNE XIX.

VICTOR, JACQUELINE, PAUL.

JACQUELINE, en entrant.

Avant de partir, je veux absolument embrasser not' fieu.

PAUL.

Le voici à son poste.

VICTOR.

Ma mère !

JACQUELINE, à Victor.

Je n'ai pas pu te voir de toute la journée.

PAUL.

On l'avait envoyé en mission.

JACQUELINE.

Oui, en commission... Tu t'en seras, j'espère, ben acquitté... Toutes les fois qu'il s'agira de not' roi Stanislas, il faudra y aller de tout cœur, vois-tu... il le mérite ben : car aujourd'hui encore il nous a gratifiés d'une somme de douze cents livres, que j'emporte au pays, et qui nous mettra à même de rebâtir not' chaumière.

VICTOR.

Lui serait-il arrivé quelque malheur ?

JACQUELINE.

Eh ! sans doute, le feu... Tiens, c'est juste, il ne sait pas ça... Mais tranquillise-toi, tout est réparé, grâce aux prières de Bébé.

VICTOR.

De Bébé !...

JACQUELINE.

En v'là un brave garçon ! pas fier du tout, et qui se souvient de ses anciens amis... Moi, qui lui ai donné autrefois des tapes, parce qu'il venait rôder dans not' verger, ah Jésus !.. Si tu avais vu avec quelle chaleur il a parlé au roi !.. (*Mettant la main sur le cœur.*) Il y a de ça chez lui.

VICTOR, à part.

Quoi ! c'est au moment même...

JACQUELINE.

Aussi, aime-le ben, chéris-le, je te le recommande ; défends-le contre ses ennemis, s'il pouvait en avoir.

VICTOR, à part, combattu.

Oh! il faut absolument... (*Allant vers Jacqueline.*) Ma mère...

PAUL.

Mère Jacqueline, il se fait tard, et la voiture attend.

JACQUELINE.

Allons, Victor, embrasse-moi.

VICTOR, à part.

Et ne pas pouvoir parler devant Paul, quel supplice!...

JACQUELINE.

Embrasse-moi donc.

AIR de *la Chanoinesse.*

D' mes sages avis,
Sache, en bon fils,
Te souvenir sans cesse;
Allons, le temps presse;
Il faut ce soir
Nous quitter : au revoir!

Quand l'avenir semblait bien noir,
Un ange a prié pour ta mère,
Et, faisant renaître l'espoir,
Nous a sauvés de la misère.

JACQUELINE, PAUL.

Oui de { mes / ses } avis, etc.

(*Sortie de Jacqueline et de Paul.*)

SCÈNE XX.

VICTOR, seul et en proie à la plus vive agitation.

Le livrer, lui à qui je dois ce que je suis !... lui qui a secouru mes parents!.. Aujourd'hui encore il a séché les larmes de ma mere, et j'irais... Oh ! non, non, cela est impossible!..

AIR de *Son nom.* (Mlle Loïsa Puget).

Ah ! près de commettre un crime,
Tout excite mon effroi...
Pour me sauver de l'abîme,
Dieu puissant, inspire-moi!
Vois ma peur, mon effroi,
Dieu puissant, sauve-moi!...

Le même endroit nous a vus naître,
Des mêmes jeux je fus charmé,
Et pour jamais le nom de traître
Sur mon front serait imprimé !..
De son bon cœur, de sa tendresse,
J'éprouvais sans cesse l'effet :
A chaque instant une caresse,
Chaque jour un nouveau bienfait....

(*Tombant à genoux.*)

Ah ! près de commettre un crime, etc.

Ah ! dût-il me chasser comme un misérable, il saura tout... (*Il va vers la chambre de Bébé.*) Il repose déjà... N'importe, du courage ! réveillons-le... On vient... O mon Dieu, ce sont eux...

SCÈNE XXI.

VICTOR, ROUSSIGNAC, LOURDET.

ROUSSIGNAC, à la cantonade.

C'est ça, restez aux aguets... (*Arrivant tout-à-fait en scène.*) Cé nouvel auxiliairé nous est vénu bien à propos... (*A Victor.*) Nous voici dé rétour.

LOURDET.

Je suis dans un état !...

ROUSSIGNAC, prêtant l'oreille.

Il ronflé.

LOURDET.

Comme un sabot... ça me rassure un peu.

ROUSSIGNAC.

Pénétrons.

LOURDET.

Passe le premier, j'aime mieux ça.

VICTOR.

De grâce, renoncez à votre dessein.

ROUSSIGNAC.

Rénoncer !... On voit bien qué tu né mé connais pas.

VICTOR.

Le moindre cri de Bébé nous perdrait tous.

ROUSSIGNAC.

Cé mouchoir mé répond dé son silencé.

VICTOR.

Vous emploieriez un tel moyen ?...

ROUSSIGNAC.

Avant tout, il faut réussir.

LOURDET.

Ou sinon, la Bastille.

VICTOR, se mettant devant la porte.

Je ne le souffrirai jamais !

ROUSSIGNAC.

Assez causé, à la bésogné !

VICTOR, luttant contre lui.

Vous n'entrerez pas !

ROUSSIGNAC.

Voici qui dévient plaisant!

VICTOR.

Non, non.

ROUSSIGNAC, le repoussant.

Allons donc!

VICTOR.

Je vous en supplie...

ROUSSIGNAC

Lourdet, suis-moi!

LOURDET.

Oh! que je voudrais être loin d'ici!

(Ils pénètrent dans la chambre de Bébé.)

VICTOR.

C'en est fait!.. rien ne peut les arrêter... Oh! Victor, Victor!.. du bruit!... C'est Mutin qui aboie... Bébé s'éveille... il résiste... il m'appelle à lui... Jamais sa voix ne pénétrera... Ah! je n'y tiens plus... Je me perds, mais je le sauve... Au secours !... au secours !...

(*Il s'enfuit.*)

SCÈNE XXII.

BÉBÉ, *à moitié habillé*, ROUSSIGNAC, LOURDET.

BÉBÉ, poursuivi par eux.

Laissez-moi... laissez-moi.

ROUSSIGNAC.

Suivez-nous.

BÉBÉ.

Jamais... Victor !... Victor !...

LOURDET.

Dieu ! comme il crie !

ROUSSIGNAC.

Victor né vous entendra pas.

BÉBÉ.

Auriez-vous fait du mal au pauvre garçon ?

ROUSSIGNAC.

C'est lui qui vous livré sans défensé.

BÉBÉ.

Vous mentez !... il en est incapable.

SCÈNE XXIII.

LES MÊMES, POTIN.

POTIN.

Quel bruit ! quel vacarme !

ROUSSIGNAC.

Il né veut pas céder.

POTIN.

Il le faut, cependant, ou nous sommes tous perdus.

LOURDET.

C'est ce que je me tue de dire.

BÉBÉ.

Vous aussi, monsieur Potin !...

POTIN.

J'ai été humilié par vous, et je prends ma revanche.

BÉBÉ.

Vous ne la tenez pas encore.

ROUSSIGNAC.

Air du *Quadrille Danois* (Musard).

Allons, pas dé résistance !
Adoptez notré moyen,
Car, dans cetté circonstance,
Nous désirons votré bien.
Bientôt plus dé largesse,
Bientôt plus dé richesse.

BÉBÉ.

Que me fait tout ceci ?
Moi je me trouve bien ici.

ENSEMBLE.

Non, je ferai résistance ;
Trop indigne est le moyen ;
Et, dans cette circonstance,
Que vous importe mon bien ?...

ROUSSIGNAC, LOURDET, POTIN.

Allons, pas de résistance, etc.

BÉBÉ.

Au secours ! au secours !

LOURDET.

Monsieur Bébé, si vous voulez crier, je vous en prie, criez tout bas.

BÉBÉ.

Au secours ! au secours !

LOURDET.

Bien sûr, nous allons être pincés !

SCÈNE XXIV.

LES MÊMES, **STANISLAS, PAUL, THÉODORE,** **SEIGNEURS, SERVITEURS.**

CHŒUR.

AIR : *Allons, mon cher docteur.*

Mais pourquoi tout ce bruit ?. .
Aurait-on l'insolence
De braver la défense
Que Stanislas prescrit ?

Afin de secourir
La personne en détresse,
Vite que l'on s'empresse
En ces lieux d'accourir !

BÉBÉ, courant à Stanislas, qui arrive le dernier.

Mon ami, défendez-moi contre ces hommes.

STANISLAS.

Eh quoi ! ils auraient eu l'audace !.. Que l'on s'empare d'eux !

LOURDET, à part.

Nous voilà dans de beaux draps !

STANISLAS.

Et que l'on cherche partout le page déloyal qui était de garde.

TOUS.

Le voici !

BÉBÉ, avec douleur.

Victor, ah !...

SCÈNE XXV.

LES MÊMES, VICTOR.

STANISLAS.

Vous êtes bien coupable, Monsieur!

VICTOR.

Sire...

STANISLAS.

Rien ne saurait vous excuser. Oublier à ce point vos devoirs!... Trahir celui qui vous traitait comme un frère!... C'est affreux, Monsieur.

VICTOR, *à part*.

Que je souffre!...

STANISLAS.

Vous méritez un châtiment sévère; j'en laisse le choix à l'offensé.

BÉBÉ.

Mon ami, il n'est qu'égaré, et je suis sûr que le cœur est encore bon chez lui.

STANISLAS.

AIR du *Baiser au porteur.*

Non, non, une pareille offense
Est indigne de tout pardon ;
Tromper ainsi ma confiance !. .

BÉBÉ.

Pitié pour le pauvre garçon !

STANISLAS.

Vraiment, c'est se montrer trop bon.
En butte à de noires atteintes,
Et te voyant abandonné de tous,
Grandes devaient être tes craintes !..

BÉBÉ.

Oui, je tremblais, mais en pensant à vous ;
Oh ! oui, grandes étaient mes craintes,
Et je tremblais, mais en pensant à vous.

Quelques mois passés aux champs, dans le village où il est né, rappelleront Victor à de meilleurs sentiments, à ses sentiments d'autrefois.

STANISLAS.

Soit ; mais, en attendant, sortez, Monsieur, sortez !

VICTOR, *pressant la main de Bébé.*

Merci, Bébé, merci !...

(*Il s'éloigne.*)

SCÈNE XXVI ET DERNIÈRE.

LES MÊMES, *excepté* VICTOR.

BÉBÉ.

Quant à M. Potin, voici ma seule vengeance.

(*Il remet son ordonnance au roi.*)

STANISLAS.

Une ordonnance !

POTIN, *à part.*

Hélas !

BÉBÉ.

Faite dans toutes les règles, pour mon épagneul, et signée : Jean Barnabé Chrysostôme Potin, docteur en la Faculté de Nancy.

POTIN, à part.

Je n'oserai plus me montrer en public.

STANISLAS.

Demain, ces deux hommes, que leurs viles menées font assez connaître, seront conduits à la frontière de France et remis entre les mains de qui de droit.

ROUSSIGNAC, à part.

Adieu, ma fortuné !

LOURDET, de même.

Oh ! la Bastille !..

STANISLAS.

Et désormais, avant de corrompre les hommes, tâchez plutôt de corrompre les chiens... (*baissant la voix*) ce sera peut-être plus difficile.

BÉBÉ.

C'est pourtant le mien qui a sonné l'alarme !

STANISLAS.

Aussi répétons tous : honneur aux petits !

TOUS.

Gloire aux petits !...

STANISLAS.

Air des *Gueux*.

Oui, les petits
Sont toujours gentils ;
Dans tous les pays,
Gloire aux petits !

CHŒUR.

Oui, les petits, etc.

BÉBÉ, au public.

Bien petite est notre scène,
Bien petit est chaque acteur ;
Mais vous nous feriez grand' peine
De n' pas dire de grand cœur :
Oui, les petits, etc.

CHŒUR.

Oui, les petits, etc.

FIN.

VARIANTES.

N. B. Dans le cas où on voudrait jouer cette pièce dans un pensionnat de garçons, on peut, au moyen de légères variantes, changer le rôle de *Jacqueline* en celui d'*Hubert*, son mari. Nous indiquons ci-après quelques-unes de ces variantes.

SCÈNE IX.

BÉBÉ, puis PAUL, HUBERT.

BÉBÉ, après la sortie de Potin.

Je crois qu'il ne sera plus tenté de me renouveler ses visites.

PAUL, entrant.

Une personne du village de Dlane demande à te parler.

BÉBÉ.

Fais-la bien vite entrer... (*Pendant que Paul va au fond.*) C'est peut-être ma mère.

PAUL, à la cantonade.

Venez.

(*Il sort ensuite.*)

BÉBÉ.

Hubert !... hélas ! ce n'est pas elle... etc., etc.

(*Plus loin.*)

BÉBÉ.

... Et conte-moi tes chagrins.

HUBERT.

Not' femme et moi nous sommes ruinés, etc.

(*Plus loin.*)

HUBERT.

... Nos économies de dix années.

BÉBÉ.

Rassure-toi, Hubert, etc., etc.

SCÈNE X.

BÉBÉ.

... Voici l'affligé... Avance, Hubert, ne crains rien.

STANISLAS.

Tu connais cet homme?

BÉBE.

C'est le père de Victor, etc., etc.

(Plus loin.)

HUBERT.

Il mérite ben qu'on prie pour lui.

STANISLAS.

Prenez, brave homme, etc., etc.

INDICATIONS GÉNÉRALES.

Changer partout le nom de *Jacqueline* en celui d'*Hubert*.

Toutes les fois que le mot *mère* s'applique à Jacqueline, le remplacer par celui de *père*.

Suite des ouvrages de mademoiselle S. Ulliac Trémadeure.

LE PETIT BOSSU

ET LA FAMILLE DU SABOTIER.

La Société pour l'Instruction Élémentaire a décerné à cet ouvrage, dans sa Séance générale du 19 mai 1833,

LE PRIX EXTRAORDINAIRE

proposé pour le premier bon livre de lecture courante.

Ce même ouvrage a remporté, le 9 août 1834,

A L'ACADÉMIE FRANÇAISE, UN PRIX MONTYON.

(Ces éditions, faites sous les yeux de l'auteur, portent seules sa signature.)

Troisième édition, 1 vol. in 12, papier fin des Vosges, orné de 4 gravures sur acier, par Montaut d'Oloron. . . . . 3 fr.

Deuxième edition, 2 vol. in-18, papier fin, 4 jolies grav. 2 fr.

—— papier ordinaire, sans figures. . . . . 1 fr. 25 c.

La Reine vient de faire prendre pour ses bibliothèques un bon nombre d'exemplaires.

UNE HISTOIRE.

1 vol. in-12, orné de 4 jolies gravures, 3 fr.

Madame Mélanie Waldor.

LE LIVRE DES JEUNES FILLES.

1 vol. in-12, orné de 4 jolies gravures, 3 fr.

La Reine a fait prendre un bon nombre d'exemplaires de cet ouvrage.

Madame Wander-Burck.

RICHESSE ET PAUVRETÉ.

1 vol. in-12, orné de 4 jolies gravures, 3 fr.

Madame Manceau, maîtresse de pension.

PRÉVENTION ET SENTIMENT,

OU LETTRES D'UNE JEUNE PERSONNE A SON INSTITUTRICE.

1 vol. in-12, orné de 4 gravures sur acier, 3 fr.

VEILLÉES D'UNE MÈRE DE FAMILLE.

SIX NOUVELLES POUR L'ADOLESCENCE.

1 vol. in-12, orné de 4 jolies gravures, 3 fr.

TRAITS HISTORIQUES,

FABLES ET CONTES.

1 vol. in-12, 6 jolies gravures, 3 fr.

James Fergusson, traduit par Quétrin.

ASTRONOMIE DES DEMOISELLES,

OU ENTRETIENS ENTRE UN FRÈRE ET SA SŒUR SUR LA MÉCANIQUE CÉLESTE, DÉMONTRÉE ET RENDUE SENSIBLE SANS LE SECOURS DES MATHÉMATIQUES.

1 vol. in-12, enrichi de plusieurs figures ingénieuses servant à rendre les démonstrations plus claires, 3 fr. 50 c.

Ph. Dufour, D. M.

ESSAI SUR L'ÉTUDE DE L'HOMME

Considéré sous le double point de vue de la vie animale et de la vie intellectuelle. 2 vol. in-8°, pap. fin sat., 12 fr., et par la poste, 15 fr.

MÉTHODE MNÉMOTECHNIQUE POŁONAISE

INVENTÉE

Par M. A. Jazwinski,

Docteur en philosophie, capitaine d'artillerie polonaise.

Approuvée par nos premières sociétés savantes, et adoptée dans un grand nombre d'institutions.

La société des *Méthodes d'enseignement* et l'*Athénée des Arts* ont décerné à l'inventeur **DEUX MÉDAILLES D'ARGENT.**

APPLICATION A LA CHRONOLOGIE ET A L'HISTOIRE.

La Méthode, 1 vol. in-8°, orné de 17 planches.	3 fr.	»
Carte chronographique pour l'étude de l'Histoire Universelle depuis l'ère vulgaire jusqu'à Louis-Philippe		
Une feuille sur papier Jésus. } Explic. de ladite, broc. in-12. }	1	80
La même carte, coloriée avec le plus grand soin.	4	»
Exercices de Chronologie ancienne et moderne, in-8°.	2	»
Chronologie ancienne et moderne, apprise par un enfant âgé de *neuf* ans, in-8°.	1	25
Tableau pour l'étude de l'Histoire de France, sans autres signes que les couleurs.		75
Tableau symbolique des siècles ; une feuille, avec explication par une demoiselle âgée de *treize* ans.		60
Tableau muet de 20 siècles servant aux exercices, une feuille.		30
Tableau muet pour les initiales. (Il en faut 10 par élève.) Chaque		15
Tableau muet d'un siècle. (Il en faut 20 par élève.)		5
Boîte de 200 jetons coloriés.		50

Le prix de chaque tableau sur toile varie depuis 40 cent. jusqu'à 1 fr., suivant la grandeur.
Collage sur carton, 30 et 40 cent.

POUR LA DÉMONSTRATION DANS LES ÉCOLES ET PENSIONS.

Collection de 120 armoiries et emblèmes. 7 »
Tableau en toile avec agrafes pour ladite collection. 3 »
Grand tableau sur toile pour l'*Etude des rois de France,* sans autres signes que les couleurs. 5 »
Grand tableau *muet* de 20 siècles, sur toile. 4 »

Tous les tableaux, cartes, brochures, etc., etc., portent la signature de l'inventeur.

OUVRAGES D'INSTRUCTION DE M. PEIGNÉ.

TABLEAUX DE LECTURE

Seuls ADOPTÉS *après concours public* (octobre 1835), par la Société pour l'instruction élémentaire, adoptés par le *Conseil royal de l'Instruction publique*, par le *Ministre de la Guerre* pour les écoles régimentaires, et par le comité central d'Instruction primaire du département de la Seine. (46 tableaux). 1 fr. 25 c.
Le même ouvrage, 1 vol. in-12 (5e édition). 60 c.

NOUVEAU SYLLABAIRE.

Ouvrage adopté par le Conseil royal de l'Instruction publique, et mis en rapport avec les tableaux de lecture. 10 c.

NOUVEAU DICTIONNAIRE DE POCHE
DE LA LANGUE FRANÇAISE,

1 vol. in-32 de 600 pages. 1 fr.

(Ce Dictionnaire renferme au moins 6,000 mots de plus que la *dernière* édition (1836) du Dictionnaire de l'Académie.

Suite des ouvrages de M. Peigné.

NOUVEAUX TABLEAUX DE GRAMMAIRE

Adoptés par le Comité central d'Instruction primaire du département de la Seine.

(48 tableaux, avec les exercices). 5 fr.
Le même ouvrage, 1 vol in-12. 1 fr. 25 c.

ÉLÉMENTS DE LA GRAMMAIRE FRANÇAISE

par Lhomond; édition corrigée, annotée et enrichie, pour la première fois, de dictées analytiques et orthographiques en regard du texte. (*Cet ouvrage vient d'être adopté par le Conseil royal de l'instruction publique.*)
1 volume in-12. broché 50 c.

DICTIONNAIRE ABRÉGÉ

DES INVENTIONS DANS LES SCIENCES ET DANS LES ARTS.

2 vol. in-18. 1 fr. 50 c.

(Cet ouvrage est recommandé par M. D. Lévi, professeur de littérature et d'histoire.)

MÉTHODE D'ÉCRITURE CURSIVE

Mise en harmonie avec la méthode de lecture : 24 modèles oblongs, gravés par Picquet, graveur du roi. 1 fr. 50 c.

Feu O. Perrin, du Finistère.

GALERIE BRETONNE.

Mœurs, Usages et Coutumes des Bretons de l'Armorique; gravée sur acier par Réveil; avec texte explicatif par MM. P. Perrin et Alex. Bouet, précédé d'une Notice sur la vie et les ouvrages de O. Perrin, par M. Alex. Duval, de l'Académie Française.

50 livraisons in-8°, composées chacune de deux gravures et du texte. A 50 c. papier ordinaire, 75 c. avec gravures sur papier de Chine : 10 c. en sus pour les départements. Il en paraît trois par mois. 36 sont en vente.

RÉPERTOIRE

DU GYMNASE DES ENFANTS,

OU CHOIX DES PIÈCES DE CE THÉATRE,

Publié sous les auspices des premières maisons d'éducation de Paris,

Et en collaboration de MM. Saint-Hilaire, Émile Wander-Burck, Simonin, Saint-Yves, Xavier, Masselin, Burat de Gurgy, E. Duval, Angel, Badenier.

DÉDIÉ AUX PENSIONS.

Jolie édition en miniature, in-18, papier fin des Vosges, couvertures imprimées, dessin de Tellier, gravé sur bois par Andrew, Best et Leloir.

PIÈCES MISES EN VENTE, form. les t. I, II, III et IV:

Le Chateau en Loterie, ou le Savetier propriétaire, comédie-vaudeville en deux actes. Prix. 75 c.
Le Début de Talma, comédie-vaudeville en un acte. 50
Les Deux Jumelles, comédie-vaudeville en un acte. 50
(*Ces trois pièces forment le tome I.*)

Orgueil et Ignorance, com.-vaud. en un acte. 50
Une Distribution de prix, com.-vaud. en un acte. 50
Une Matinée a Vincennes, com.-vaud. en un acte. 50
L'enfance de Louis XIV, com-.vaud. en un acte. 50
(*Ces quatre pièces forment le tome II.*)

Julia, ou les dangers d'un bon mot, drame-vaudeville en deux actes. 75
Les Gitanos, ou le Prince et le Chevrier, coméd. vaud. en un acte. 50 c.

ANNA, ou la Demoiselle de compagnie, coméd. vaud. en un acte. 50 c.
LE POT AU LAIT, fable de Lafontaine mise en action; un acte. 25

(*Ces quatre pièces forment le tome III.*)

LE COEUR D'UNE MÈRE, drame-vaudeville en un acte. 50
LE COMPLOT DE FAMILLE, comédie en vers. 50
JALOUSIE, comédie-vaudeville en un acte. 50
BÉBÉ, ou le Nain du roi de Pologne, comédie historique en un acte. 50

(*Ces quatre pièces forment le tome IV.*)

Il paraît une ou deux pièces par mois.

Prix, en un acte, 50 cent.; en deux actes et plus, 75 cent.

Chaque volume du RÉPERTOIRE DU GYMNASE DES ENFANTS contient QUATRE PIÈCES EN UN ACTE, OU TROIS PIÈCES EN UN ACTE ET UNE EN DEUX OU TROIS ACTES. Le prix du volume est de 1 fr. 50 c. pour les personnes qui souscriront pour la totalité du Répertoire.

DES ANGES SUR LA TERRE, par M. LOYAU D'AMBOISE, auteur du *Prêtre* et de la Vie de Saint François-de-Sales, 1836. Un joli vol. in-12. 2 75

EUDOLIE, ou la Jeune malade, par madame***, auteur d'*Onesie, Enguerrand, Roseline;* troisième édit. ornée de gravures, 1836. 2 vol. in-12. 3 25

ROSELINE, ou de la nécessité de la religion dans l'éducation des femmes, par l'auteur d'Eudolie, 1835. 2 vol. in-12. 3 25

Imprimerie de TERZUOLO, rue de Vaugirard, 11.

www.ingramcontent.com/pod-product-compliance
Ingram Content Group UK Ltd.
Pitfield, Milton Keynes, MK11 3LW, UK
UKHW020923180726
13838UKWH00002B/725